AF236700

Mein erstes Aquarium

Das Praxisbuch

Wie Sie Schritt für Schritt Ihr Aquarium einrichten und die passenden Fische auswählen - inkl. der besten Pflegetipps

Andreas Grapengeter

⬡ INHALT

Das erwartet Sie in diesem Buch

Sind auch Sie begeistert von der Welt des Poseidons und träumen davon, sich diese in Ihr eigenes Heim zu holen?

Wollen auch Sie sich vom bunten Gewimmel quirliger Fische verzaubern lassen und den meditativen Effekt beim Beobachten der sich immer in Bewegung befindlichen Unterwasserwelt genießen?

Möchten Sie die Verantwortung von sich immer erneuerndem Leben übernehmen oder soll es vielleicht sogar als Haustier für Ihren eigenen Nachwuchs gedacht sein?

Haben Sie Spaß und Freude an einem sich täglich ändernden, eigens kreierten Ökosystems, wissen aber nicht genau, wie Sie dies in die Tat umsetzen können?

Sie haben bereits sämtliche Internetseiten durchforstet, um Antworten auf Ihre Fragen zu erhalten, sind es aber leid, eine stundenlange Recherche durchführen zu müssen? Wünschen Sie sich eine einfache und verständliche sowie richtungsweisende Hilfestellung und Beantwortung Ihrer Fragen ohne fachchinesische Ausdrucksweise und nicht nachvollziehbare Erklärungen?

Dann sind Sie hier genau richtig!

Hier erfahren Sie nicht nur, welches Aquarium, welche Fische und welche Technik für Sie die geeignetste ist und wie Sie Ihren Traum möglichst unkompliziert und langlebig in die Tat umsetzen können, sondern erhalten zusätzlich einen Gesamtüberblick über die Thematik "Fisch" und dessen Lebensraum, aber auch dessen Krankheiten und mögliche auftretende Probleme und wie diese ausgeräumt – oder am besten noch – gänzlich vermieden werden können, damit die Freude an Ihrem Aquarium und den sich darin befindlichen Lebewesen ewig währt. Vor einer jeden Anschaffung gilt: erst denken, dann handeln. Dass Sie sich Rat einholen und auf der

Suche nach Unterstützung in Bezug auf die wichtigsten Grundlagen einer Haltung von Zierfischen sind, ist der richtige Weg und soll belohnt werden.

In unserem einfachen 5-Schritte-Programm werden in diesem Buch die wichtigsten Themen, Fragen und Nöte angesprochen und mittels verständlicher Beispiele und umfangreicher Erklärung detailliert erläutert, sodass Sie noch heute mit der Planung und Umsetzung Ihres eigenen Aquariums beginnen können. Denn wir kennen es doch alle – wenn man für etwas brennt, möchte man am liebsten sofort alle Hebel in Bewegung setzen, um sein Ziel so schnell wie möglich zu erreichen.

Lassen Sie uns gemeinsam Licht ins Dunkel bringen und Schritt für Schritt alle wesentlichen Informationen durchleuchten.

Einleitung

DAS 5-SCHRITTE-PROGRAMM

Zunächst einmal gilt es sich zu überlegen, was für ein Aquarium Sie sich zulegen möchten. Welche Größe soll es haben, welchen Standort soll es in Ihrem Heim bekommen und welche Art von Fischen möchten Sie sich anschaffen. Denn abhängig davon ist die dazugehörige, für die Fische und Pflanzen lebensnotwendige Technik.

Aber keine Angst – der Einstieg in die Welt der Aquaristik ist keinesfalls so kompliziert, wie es Ihnen gerade vielleicht den Anschein macht. Mit ein wenig Geduld und viel Begeisterung werden Sie Ihr neues Projekt „Aquarium" spielend meistern und erfolgreich umsetzen. Denken Sie vor allem immer daran, wie viel Spaß und Freude Sie mit dem Endergebnis haben werden. Alles braucht seine Zeit und auch

Sie werden eine gewisse Eingewöhnungsphase benötigen – aber das ist doch in so gut wie allen Le-
benslagen der Fall, nicht wahr?

Also, gehen wir die Thematik gemeinsam an und
lassen Sie uns etwas Wunderbares schaffen.

Mit dem nachfolgenden 5-Schritte-Programm
erfahren Sie alles Wissenswerte zur Anschaffung,
Einrichtung und Pflege Ihres neuen Lieblingsstücks.

Grundlegende Überlegungen

WELCHE FISCHE

Sehen Sie vor Ihrem geistigen Auge auch bereits das fertige Ergebnis? Wissen Sie schon ganz genau, welche Arten von Fischen Sie in Ihrem Aquarium beheimaten möchten? Oder möchten Sie auf Nummer sicher gehen und vor allem für den Anfänger geeignete Fische bei sich einziehen lassen?

Die Wahl Ihrer Fische sollte auf die Wahl des Aquariums beziehungsweise auf die geplante Größe des Aquariums abgestimmt werden. Idealerweise entscheiden Sie sich für einfach zu haltende Fischarten, wie zum Beispiel Guppys, Mollys, Welse, Neonsalmler, Buntbarsche oder Skalare. Diese stellen die perfekten Fische für Einsteiger dar und verwandeln Ihr Aquarium in ein buntes Schauspiel. Für die genannten Arten von Fischen sollte das Becken zwischen 100 bis 200 Liter tragen können.

Haben Sie aber schon eine ganz genaue Vorstellung davon, welcher Fisch bei Ihnen einziehen soll und möchten im Umkehrschluss das Aquarium an die Fische anpassen? Dann sollte hier vorab genauestens geklärt werden, was der von Ihnen ausgewählte Fisch für Bedürfnisse hat – erst dann kann eine weitere Beurteilung über Größe und Art des Beckens gemacht werden. Möchten Sie beispielsweise Mini-Schrimps beherbergen oder gar züchten, wäre die Frage nach der Größe des Aquariums verhältnismäßig schnell beantwortet, wohingegen bei einem Fisch von der Größe eines Tennisballs tiefergehende Überlegungen erforderlich wären.

Handelt es sich bei Ihrem Wunschfisch um Süß- oder Salzwasser- beziehungsweise Meerwasserfische? Ebenfalls abhängig davon ist die Wahl des richtigen Aquariums und der dazugehörigen und zu benötigenden Technik, die damit einhergeht. Innerhalb dieses Buches wird sich jedoch ausschließlich auf die Haltung von Süßwasserzierfischen und deren Behausung konzentriert, da dieses besonders für

Einsteiger der erste Schritt in Richtung Aquarium ist.

Nachfolgend werden Ihnen die bereits genannten robusten Fische, die besonders für Neulinge einen wunderbaren Einstieg liefern, etwas näher vorgestellt:

Guppys - zählen zu den wohl ältesten und zusätzlich beliebtesten Aquarienfischen überhaupt. Sie sind überaus robust und ragen durch ihre enorme Fruchtbarkeit sowie ihr breitgefächertes Erscheinungsbild hervor. In ihrer Pflege sowie Ernährung sind sie anspruchslos und verzeihen vor allem einem Aquarienanfänger sehr viel.

Guppys werden in aller Regel etwa 3 cm groß, wobei die Weibchen hier etwas größer werden und rundere Formen annehmen. Guppy-Männchen haben eine außerordentliche Farbpracht, die sich in ihrer verlängerten Schwanzflosse widerspiegelt, welche fächerförmig oder auch spitz zulaufend aussehen kann. Guppy-Weibchen hingegen sind eher unscheinbarere Bewohner des Aquariums und haben eine weiß-silbrige Schuppenpracht. Ihre Lebenserwartung beträgt ca. 5 Jahre. Aufgrund ihrer Ernährungsweise (Allesfresser) sind sie sehr anspruchslos und absolut nicht wählerisch. Sie fressen das, was ihnen serviert wird – freuen sich aber besonders über treibendes Futter.

Saugwelse - zählen zu den Fischen, sehen aber nur bedingt aus wie Fische. Sie besitzen keine Schuppen, die für einen Fisch ein typisches Merkmal darstellen, sondern verfügen über gepanzerte Knochenplatten. Ihre Mundöffnung zeigt bei den meisten Gattungen nach unten, sodass sie ihre Nahrung sehr gut vom Grund oder den Aquarienwänden aufnehmen können. Welse haben auch einen sehr positiven Effekt für das Aquarium – sie reinigen es auf natürliche Weise.

Sie eignen sich phantastisch als kleine Putzfrauen, indem sie die Pflanzen, den Grund und sogar die Aquarienscheiben von Algenbewuchs befreien. Für ein kleineres 60 Liter Aquarium genügt ein Pärchen - bei größeren Aquarien kann sinngemäß addiert werden. Welse benötigen zusätzlich zum normalen Futter auch Holz- oder mit Holzanteilen versetztes Futter, da sie anderenfalls eingehen würden. Besonders geeignet ist hierfür Moorkien-Holz, welches die Saugwelse auch gut und gern als Behausung und Rückzugsort nutzen. Da sie als sehr robust und komplikationslos gelten, eignen sie sich wunderbar als Anfängerfisch. Da es jedoch viele verschiedene

Unterarten der Welse gibt, ist auch ihre Größe sehr variabel. In der Regel beträgt diese jedoch zwischen 2 cm und 10 cm. Sie gehören allerdings zu einer sehr langsam wachsenden Gattung. Die großen Arten, wie zum Beispiel Harnischwelse, können ein Lebensalter von bis zu 25 Jahren erreichen, die gewöhnlichen, kleiner bleibenden Welsarten, wie zum Beispiel der Otocinclus, erreichen hingegen nur ein Alter von bis zu 5 Jahren.

Mollys - sind sehr aufgeweckte und lebendige Zeitgenossen, die viel Auslauf benötigen. Sie eignen sich daher für kleine Aquarien nicht sehr und sollten in einem Becken mit einer Mindestlänge von 100 cm ihre neue Heimat finden. Sie sind Gesellschaftstiere und gern in Gruppen unterwegs.

Sie gehören alle Male zu den sehr robusten und überaus anspruchslosen Fischarten und eignen sich daher wunderbar für Aquarienanfänger. Sie können zwischen 6 – 8 cm groß und 4 – 6 Jahre alt werden. Der beliebteste Fisch unter den Molly-Arten ist der Black Molly. Er besticht durch seine durchgängig schwarz gefärbte Erscheinung, welche in der Süßwasseraquaristik als einzigartig beschrieben wird. Generell zählen sie zu den Allesfressern, wobei sie pflanzliche Nahrung in Form von Algen und anderer

Pflanzenkost bevorzugen. Diese Vorliebe kann für Aquarienneulinge zu einem gravierenden Pluspunkt und Vorteil werden, da eine Fütterungspause von einer Woche für diesen Fisch absolut keine Probleme darstellt. Wird kein zusätzliches Futter angeboten, ernährt er sich von Algen, die sich auf dem Grund oder den Pflanzen ablagern.

Glänzende Zwergbuntbarsche – sind dekorative und anspruchslose Fische, die einen hohen Beliebtheitsgrad haben. Sowohl in seiner Pflege als auch in seiner Ernährung zählt er zu den einfacheren Fischarten, die ohne Frage für einen Anfänger geeignet sind. Er wechselt innerhalb von Minuten seine Färbung und Zeichnung, je nach Stimmungslage. Vor allem für bepflanzte Aquarien eignet er sich wunderbar und freut sich aufgrund seiner ausgeprägten Gesellschaftsfähigkeit über Kameraden jeglicher Art.

Als Männchen erreicht er eine Gesamtlänge von etwa 9 cm, hat ein grün-gräulich glänzendes Erscheinungsbild und eine allgemein zu erwartende Lebensdauer von ca. 3 Jahren. Weibchen hingegen erreichen eine Gesamtgröße von lediglich 4 – 6 cm und erscheinen, anders als die Männchen, in einem hell- bis dunkelbraunem Farbton. Der glänzende Zwergbuntbarsch zählt zu den Allesfressern, freut sich aber neben Futterflocken und Granulat auch über Lebendnahrung, wie zum Beispiel Mückenlarven.

Skalare – auch Segelflosser genannt, zählen mit zu den beliebtesten Aquarienfischen weltweit. Sie sind von ihrem Wesen her sehr friedlich und können ungehindert in bepflanzten Gesellschaftsaquarien mit anderen Fischarten gehalten werden. Er ist relativ anspruchslos in der Ernährung, ist aber "allergisch" gegen unreines Wasser. Bei einem zu hohen Nitritwert des Wassers können seine Flossenspitzen abfaulen.

Abgesehen davon zählt er aber zu den sehr gut für Anfänger geeigneten Fischen, sofern die entsprechende Beckengröße vorhanden ist. Ausgewachsen erreicht der Skalar nämlich eine Länge von bis zu 15 cm und eine Höhe von etwa 20 cm (einige Unterarten sogar 40 cm) und zählt damit zu den wohl größeren Zierfischen. Aus diesem Grund eignet er sich vor allem für Aquarien mit einer Mindestgröße von 200 Litern Wasservolumen. Seine Lebenserwartung liegt bei stattlichen 12 – 15 Jahren. Er besticht durch seine majestätische Erscheinung. Seine Körperform ist schmal und gedrungen, die langen Rücken- und Afterflossen machen den Hauptteil seiner

Körpergröße aus. Am Bauch des Fisches befinden sich meist zwei lange Bauchfäden.

Seine Farbe ist ein silbrig glänzendes Gold mit leicht rötlichen Flossen. Skalare sollte man niemals allein halten, sondern immer paarweise oder sogar in kleineren Gruppen – dieses jedoch ausschließlich dann, wenn eine ausreichende Aquariengröße existiert. Ernährungsbedingt können sie pflanzliche Nahrung aufnehmen, bevorzugen aber tierische in Form von Flocken oder Granulat.

Neonsalmler – ist ein geselliger und friedfertiger Artgenosse, der sich in Aquarien jeder Größe wohlfühlt. Er ist nicht sonderlich wärmebedürftig und ist auch in seiner Pflege sowie Ernährung kein anspruchsvoller Geselle, weshalb er zahlenmäßig auch zu dem am häufigsten gekauften Aquarienzierfisch überhaupt gehört.

Ausgewachsen erreicht er eine Größe von ca. 3 cm und hat eine Lebenserwartung von etwa 10 Jahren. Da er zu den Schwarmfischen zählt, sollte er keinesfalls allein gehalten werden. Optisch ist der kleine Zierfisch ebenfalls eine Augenweide. Er besticht durch einen bläulich-grünen Streifen, der sich über seine gesamte Körperlänge zieht. Direkt darunter verläuft ein kräftig roter Streifen ausgehend von seiner Körpermitte bis hin zur Schwanzflosse. Seine Besonderheit liegt in der Spiegelung beziehungsweise starken Reflektierung des einfallenden Lichts. Der Neonsalmler zählt zu der Gattung der Allesfresser – Nahrung in Form von Flocken oder Granulat sind für ihn die perfekte Ernährung.

Der **Kardinalfisch** – ist ein etwa 4 cm großer und schlanker Schwarmfisch, der aufgrund seiner anspruchslosen Lebensart in Bezug auf Wasser und Ernährung ebenfalls unter den Einsteigern eine große Fangemeinde gebildet hat. Die Haltung sollte allerdings nicht allein, sondern immer in Gruppen von mindestens 8 Fischen erfolgen.

Optisch hat er ein besonderes Merkmal, welches ihn von sämtlichen anderen Fischen unterscheidet: Er besitzt einen sehr auffälligen schwarzen Fleck an der Schwanzflosse. Seine Färbung verläuft zwischen einem braungrün bis hin zu einem graugrün. Die Lebenserwartung von Kardinalfischen beträgt bis zu 8 Jahre. In seinem Futterverhalten ist er ein sehr anspruchsloser kleiner Kumpel, der zu der Gattung der Allesfresser gehört. Vor allem an der Wasseroberfläche treibendes oder schwimmendes Futter weckt sein Interesse.

WELCHE GRÖßE

Wie zuvor bereits kurz angerissen, sollte Ihr Anfänger becken zwischen 100 - 200 Liter Fassungsvermögen aufweisen, was etwa einer Gesamtgröße von 100 cm – 120 cm entspricht. Beispiel: 100 cm x 40 cm x 40 cm – dieses entspricht einem 160 Liter Aquarium.

Ein kleineres Aquarium ist zwar möglich, trotz seiner Größe jedoch nicht einfacher zu handhaben. In der Aquaristik gilt: Je größer das Aquarium, desto höher ist das Fassungsvermögen und stabiler das von Ihnen geschaffene Ökosystem. Auch die damit einhergehende Technik, wie zum Beispiel die Filteranlagen, sind bei größeren Aquarien in der Regel einfacher zu handhaben und zu unterhalten, als es bei kleineren der Fall ist. Klingt komisch, ist aber in der Tat so.

Sollten Sie nicht genügend Platz zur Verfügung haben, eignet sich auch ein kleineres, sogenanntes Nano-Aquarium. Es sollte jedoch nicht kleiner als 54 Liter Wasservolumen fassen, da sich die Regulierung für Sie dadurch um einiges trickreicher gestaltet und mehr Technik vonnöten wäre. Als Beispiel zum besseren Verständnis: Ein 54 Liter Becken entspricht etwa den Abmaßen von 60 cm x 30 cm x 30 cm – dies stellt ein Standardmaß dar.

Nachfolgend finden Sie ein Berechnungsbeispiel zur Berechnung des Aquarieninhalts beziehungsweise des entsprechenden Wasservolumens. Dieses Wissen dient Ihnen im weiteren Verlauf in der Aquaristik und stellt eine wichtige Grundlage für die Anwendung von Pflege- oder Heilmitteln dar. Sie sollten immer darüber Kenntnis haben, wie viel Volumen Ihr Aquarium aufweist.

Zur Ermittlung des Volumens benötigen Sie die gesamten Abmessungen des Beckens – Höhe, Breite, Länge, multiplizieren diese und teilen es anschließend durch den Wert 1000.

Nehmen wir uns als Berechnungsgrundlage die zuvor genannten Werte eines 54 Liter Aquariums zur Hilfe:

60 cm x 30 cm x 30 cm: 1000 = 54 Liter

Von dem entstandenen Endwert können Sie gut und gern 10 % bis 15 % abziehen, da die vorhandene Inneneinrichtung das Wasser entsprechend verdrängt.

WELCHER STANDORT

Der richtige Standort ist von hoher Bedeutung für das Wohlbefinden der Tiere und Pflanzen, aber auch für den problemfreien Betrieb des Aquariums. Zu Ihrer Beruhigung - es gibt nicht viel, was Sie bei der Wahl des Standortes gravierend falsch machen könnten.

Achten Sie vorwiegend darauf, dass es keinen Platz im kontinuierlichen und direkten Sonnenlicht hat und es vor zu hoher Hitze geschützt ist. Grund dafür ist der dadurch vermehrt entstehende Algenwuchs, der durch die UV-Strahlung der Sonne angeregt werden würde. Es ist korrekt, dass die Beleuchtung eines Aquariums zwar die natürlichen UV-Strahlen der Sonne imitiert, diese aber nicht den gleichen Effekt hat wie tatsächliche UV-Einstrahlung. Zusätzlich dazu sollten Sie das Aquarium nicht in die Nähe von Heizkörpern oder Durchzug stellen, da dadurch unnötige Temperaturschwankungen im Inneren des Beckens entstehen können.

Auch sollte Ihr Aquarium an einem Ort stehen, der von Ihnen frei zugänglich ist und genügend Freiraum für eventuelle Wartungs- und Reinigungsarbeiten bietet. Sie sollten darauf achten, dass mindestens die Vorderseite und ein Teil des Deckels barrierefrei von Ihnen zu erreichen sind.

Versuchen Sie zusätzlich das Aquarium an keinem zu belebten Ort zu platzieren, um den Fischen ihren notwendigen Freiraum und die erforderliche Ruhe geben zu können. Abgesehen von diesen Grundvoraussetzungen bleibt Ihrer Phantasie bezüglich der Platzierung Ihres neuen Biotops keine Grenzen gesetzt. Ob im Wohnzimmer, dem Flur, neben dem Treppenaufgang oder auf der Kommode von Oma – die Hauptsache ist, Sie und die Fische fühlen sich wohl.

Achtung: Das Endgewicht des Aquariums sollte bei der Wahl des Standortes unbedingt in Ihre Überlegungen mit einbezogen werden, denn 1 Liter Wasser wiegt 1 kg. Ein stabiler Schrank, ein Aquarienständer oder ein robuster Tisch können ein ausgezeichneter Untergrund für Ihr neues Aquarium sein.

Die Technik

WELCHE TECHNIK WIRD BENÖTIGT?

D ie Technik ist bei einem Aquarium das A und O der Ausstattung. Darunter zählen Filter, Heizung, Thermometer, Beleuchtung und Abdeckung zur absoluten und unverzichtbaren Grundausstattung. Je nach Größe des Beckens ist die Frage des korrekten Filters zu beantworten. Planen Sie ein Aquarium, das größer als 200 Liter Gesamtvolumen umfasst, sollten Sie sich zusätzlich einen Außenfilter anschaffen – anderenfalls ist ein normaler Innenfilter vollkommen ausreichend und zweckmäßig.

Nachfolgend wird Ihnen die einzelne Technik vorgestellt und kurz erläutert.

DER FILTER

Das Zentrum beziehungsweise das Kernstück Ihres Wunschaquariums ist der Filter. Er ist unverzichtbar und dient dazu, den biologischen Kreislauf aufrechtzuerhalten und das Wasser von Fremdkörpern, Bakterien oder anderen Substanzen zu reinigen. Außerdem wird durch die ständig erzeugte Wasserbewegung der Bewuchs von Algen verhindert beziehungsweise deutlich reduziert und verlangsamt. Wie zuvor bereits kurz angerissen, ist für Aquarien bis 200 Liter ein sogenannter Innenfilter vollkommen ausreichend und wird mit kleinen Saugnäpfen an der Seiten- oder Rückwand Ihres Aquariums angebracht.

Sollte Ihr Aquarium die Größe von 200 Litern übersteigen, ist unter Umständen die Anschaffung eines zusätzlichen Außenfilters ratsam, bei deutlich größeren Aquarien sogar unverzichtbar. Die Außenfilter bedienen den gleichen Zweck wie der zuvor beschriebene Innenfilter, ist in seiner Bauart und der Technik jedoch deutlich unterschiedlich. Außenfilter ziehen das Wasser aus dem Becken an und filtern dieses durch unterschiedliche Kammern, die mit speziellem Filtermaterial gefüllt sind. Sämtliche Fremdkörper und Substanzen bleiben an diesem

Filter haften. Über einen weiteren Schlauch wird das zuvor gefilterte Wasser wieder zurück in das Becken geleitet. Im Gegensatz zum Innenfilter befindet sich der Außenfilter, wie der Name bereits verrät, außerhalb des Aquariums – meistens im dafür erforderlichen Unterschrank. Positiver Nebeneffekt: Durch die Nutzung eines Außenfilters entsteht mehr Platz im Inneren des Aquariums, welches Sie mit neuer Bepflanzung oder weiteren Fischen auffüllen könnten.

<u>Bitte beachten:</u> Eine umfangreiche und korrekte Bepflanzung innerhalb des Aquariums führt zwar für sich gesehen bereits zu einer natürlichen Sauerstoffzufuhr, da die Pflanzen durch ihre Photosynthese bereits Sauerstoff abgeben.

Häufig wird jedoch davon ausgegangen, dass diese Sauerstoffzufuhr bereits ausreichend ist und kein manuelles Eingreifen erfordert. Dieses ist in den meisten Fällen allerdings eine falsche Annahme! Sollte Ihr Filter nämlich nicht genügend Leistung erbringen und somit die Wasserbewegung nicht stark genug zum Zirkulieren bringen, sollte über eine unterstützende Möglichkeit der Zufuhr von O2 nachgedacht werden. Bitte sorgen Sie im Falle von einer zu geringen Sauerstoffsättigung zusätzlich mittels einer sogenannten Membranpumpe für genügend Sauerstoff im Aquarium – einige Bauarten können sogar direkt mit Ihrem Filtersystem gekoppelt werden.

DIE MEMBRANPUMPE

Hierbei handelt es sich um eine Gerätschaft, welche die Umgebungsluft verwertet und mit einem erhöhten Druck wieder ausscheidet. Oft werden diese Pumpen auf dem Aquarienboden angebracht, was für ein interessant zu beobachtendes Sprudeln von Luftblasen führt. Auch einige Fischarten mögen das besagte Sprudeln sehr und beginnen damit, sich daran zu säubern oder auch einfach begeistert damit zu spielen.

Die Membranpumpe stellt für Ihr Aquarium allerdings keine unverzichtbare Gerätschaft dar, sondern greift lediglich unterstützend in das Geschehen ein. Je nach Bauart können diese Geräte allerdings ein von außen sehr deutlich wahrzunehmendes Rauschen erzeugen, welches Ihrerseits eventuell sogar als störend empfunden werden kann. Es sollte daher beim Kauf einer Membranpumpe – oder auch Luftpumpe genannt – auf den vom Hersteller angegebenen Geräuschpegel geachtet werden.

DIE RICHTIGE BELEUCHTUNG

Licht ist für jedes Lebewesen auf diesem Planeten erforderlich, um Tag von Nacht unterscheiden zu können, aber auch um die erforderliche Photosynthese der Pflanzen zu gewährleisten. Die Beleuchtung eines Aquariums soll somit das natürliche Sonnenlicht imitieren.

Hierbei ist darauf zu achten, dass Sie den natürlichen Tag- und Nacht-Rhythmus einhalten und die Beleuchtung für täglich 10 bis 12 Stunden eingeschaltet lassen. Ratsam ist hier die Nutzung einer Zeitschaltuhr, die Sie auf die gewünschten Uhrzeiten programmieren können, ohne persönlich Einflussnahme darauf nehmen zu müssen.

Möchten Sie zusätzlich zur erforderlichen Lichtquelle noch das Farbspektrum Ihrer eingesetzten Fische hervorheben, können Sie sogenannte Color-Leuchten mit einsetzen. Bei dieser Lichtvariante werden sämtliche Rot- und Blautöne in den Vordergrund gehoben, was sowohl das Licht lebhafter als auch Ihre Fische bunt erstrahlen lässt. Diese Alternative ist allerdings lediglich optional und somit für Ihr Aquarium nicht zwingend erforderlich. Möchten Sie Ihr Aquarium mit einer satten und üppigen Bepflanzung aufwerten, sollten Sie für einen möglichst

großen Lichtpegel sorgen, der alle von Ihnen eingesetzten Pflanzen ausreichend mit genügend Bestrah-
lung versorgt.

Pflanzen, die mit nicht genügend Leuchtstrahlen
belohnt werden, können die natürliche Photosynthese nicht durchführen, was zu einer geringen Abgabe von Sauerstoff oder sogar zum Absterben der
gesamten Pflanze führen kann. Einige Pflanzenarten
reagieren auf eine zu spärliche Beleuchtung mit dem
Bewuchs von Braunalgen.

DIE HEIZUNG

Beheizt wird ein Aquarium mit Hilfe eines Heizstabs,
der dafür sorgt, dass die korrekte Temperatur
herrscht. Er reguliert die Temperatur so, dass sie zu
jeder Zeit konstant bleibt. Dieses ist unabdingbar, da
bereits minimale Temperaturunterschiede von den
Fischen wahrgenommen werden und sich schädlich
auf sie auswirken könnten.

Wichtig ist hierbei zu wissen, dass der Heizstab
eine kontinuierliche Stromversorgung benötigt, um
die Temperatur halten zu können. Die perfekte Wassertemperatur hängt vom Aquarium selbst und den
eingesetzten Fischen sowie der Bepflanzung ab. In
der Regel liegen die Normalwerte jedoch bei Rund

24 bis 26 Grad, weshalb sich sämtliche Empfehlungen auf 25 Grad festlegen. Dieses ist allerdings auch abhängig davon, welche Art von Fische Sie sich anschaffen möchten, da es Fischarten gibt, die sich in leicht kühlen Gewässern deutlich wohler fühlen.

Der Heizstab stellt eine Röhre dar, in der sich im Inneren eine Heizspirale befindet. Diese wird, ähnlich wie der Innenfilter, im Inneren des Aquariums platziert und mit Saugnäpfen montiert. Besonders eignet sich hier die Rückwand, da das Rohr hier mit Pflanzen oder anderen Dekorationsmitteln sehr gut versteckt werden kann. Am Heizstab selbst befindet sich ein Thermostat beziehungsweise ein Regler, mit dem die gewünschte Temperatur eingestellt werden kann. Bitte beachten Sie, dass je größer Ihr Aquarium ist, umso mehr Zeit beansprucht wird, um die Wassertemperatur auf das gewünschte Maß zu bringen.

Eine weitere Alternative würde ein Wasserfilter mit eingebauter Heiztechnik darstellen, welcher jedoch in der Anschaffung und Haltung deutlich kostenintensiver wäre als der reguläre Heizstab. Tipp: Kontrollieren Sie nach Möglichkeit täglich die Wassertemperatur, da Heizstäbe ohne große Vorankündigung gern einmal den Dienst quittieren oder nicht mehr vernünftig heizen. Je früher die

Temperaturschwankungen bemerkbar werden, desto schneller können Sie handeln und einen Schaden verhindern.

Einrichtung und Bepflanzung

DAS AUFSTELLEN DES AQUARIUMS

Sobald Sie für sich selbst die Frage über die Größe des Aquariums und den passenden Standort beantwortet haben, steht dem Kauf des Aquariums nichts mehr im Weg. Es sollte aus Glas bestehen und einen Deckel beziehungsweise eine Öffnung am oberen Aquarienrand haben, um Wartungsarbeiten oder Fütterungen durchführen zu können.

Stellen Sie das Aquarium niemals direkt auf einen Schrank oder sonstigen Untergrund, sondern verwenden als Zwischenschicht eine dünne Platte aus Styropor. Der Grund hierfür ist einfach erklärt –

die Vermeidung von unnötigen Temperaturschwankungen. Das Styropor agiert als eine Art Wärmespeicher beziehungsweise Kälteabweiser, da dadurch keine äußeren Temperaturunterschiede in das Innere des Beckens gelangen können. Außerdem mögen auch die von Ihnen eingesetzten Pflanzen keine kalten Füße.

Es sollte Ihrerseits außerdem direkt nach dem Kauf des Aquariums darauf geachtet werden, eine passende Rückwand einzusetzen. Diese können Sie entweder selbst erstellen oder als Klebefolie im Fachhandel erwerben. Sie ist nicht zwingend erforderlich, wirkt sich jedoch stressreduzierend auf die Fische aus, da dieses die einzige Seite des Aquariums darstellt, die nicht von außen einsehbar ist.

WARUM PFLANZEN IM AQUARIUM?

Pflanzen erfüllen in einem Aquarium nicht nur den dekorativen Zweck, sondern sind sowohl für die Fische als auch für das gesamte Ökosystem im Wasser von großer Bedeutung. Sie sind nämlich Sauerstofflieferant Nummer eins! Durch ihre Blätter und Wurzeln nehmen die Pflanzen kontinuierlich Nährstoffe auf und geben diese in Form von Sauerstoff weiter.

Aber nicht nur das, sie verwerten auch den Kot der Fische, indem sie die Ammonium-Nitrate verarbeiten und dadurch das Wasser auf natürliche Weise entgiften. Zusätzlich dazu bieten die Unterwasserpflanzen den Fischen im Aquarium aber auch wunderbare Rückzugsmöglichkeiten, die gern auch mal als Versteck vor größeren oder unliebsamen Artgenossen genutzt werden.

Gerade scheue oder junge Fische können schnell unter Stress geraten, welcher durch den von Ihnen geschaffenen Sichtschutz minimiert wird und für eine entspanntere Gesamtatmosphäre sorgt. Einigen Fischen dient die Bepflanzung aber auch tatsächlich als Nahrungsquelle. Sie suchen auf und zwischen den Blättern nach Ablagerungen oder Algen und durchwühlen auch gern den Boden, um an den Wurzeln der Pflanzen nach Futter zu suchen.

Eine schöne grüne Pflanzenwelt stellt somit nicht nur für Sie selbst eine besondere Augenweide dar, sondern hat obendrein einen echten Nutzen und auch eine bestimmte Notwendigkeit für Ihre Fisch- und Unterwasserwelt. Für Sie selbst im Übrigen auch, denn durch die korrekte Bepflanzung können Sie die ein oder andere Reinigungstätigkeit minimieren.

WELCHE PFLANZEN UND WIE VIELE?

Es gibt unzählig viele Unterwasserpflanzen, die aber nicht zwingend alle für ein Aquarium geeignet sind. Bei der Suche beziehungsweise der Anschaffung von Unterwasserpflanzen sollte der Unterschied zwischen Teich- und Aquarienpflanzen beachtet werden.

Theoretisch können Sie bei der Auswahl der Pflanze nach Ihrer eigenen Ästhetik und Ihrem eigenen Geschmack gehen, da keine umfangreichen Fehler gemacht werden können. Im Folgenden werden Ihnen dennoch einige Pflanzenarten vorgestellt, die sich bisher in der Aquaristik stark bewährt haben. Zunächst wird Ihnen allerdings der Unterschied zwischen den einzelnen Klassifikationen erläutert. Ein Aquarium lebt nämlich nicht nur von einer Art.

Es gibt sogenannte Aufsetzer-, Bodendecker- sowie Vorder-, Mittel- und Hintergrundpflanzen.

Unter **Bodendeckerpflanzen** versteht man eine Pflanzenart, die den gesamten Untergrund bedeckt und sich rasenähnlich über den Boden legt. Sie dient nicht nur der Optik, da sie von allen Seiten des Aquariums einsehbar ist und Sie mit ihrer Hilfe eine wunderschöne und einzigartige Unterwasserlandschaft gestalten können, sondern nebenbei auch der Stabilisierung des Bodengrunds. Einige Fischarten sind gar verliebt in Bodendeckerpflanzen, da sie eine beliebte bodennahe Versteckmöglichkeit und gleichzeitig Nahrungsquelle bieten. Unter Aquarienneulingen zählen zu den beliebtesten Bodendeckerpflanzen Glossostigma elatinoides, Hemianthus callitrichoides "Cuba", Micranthemum tweediei und Helanthium bolivianum.

Um den Aquariengrund mit einem Bodendecker zu bepflanzen, setzt man die einzelnen Triebe mit einer Daumenlänge Abstand in den zuvor von Ihnen gewählten Bodengrund ein und verteilt sie dadurch über die gewünschte Fläche. Nach einiger Zeit wachsen die einzelnen Pflanzentriebe zu einem großen und durchgängigen Teppich zusammen. Tipp: Besonders geeignet für die hier vorgestellten Bodendeckerpflanzen ist der Vordergrund des Aquariums.

Aufsetzerpflanzen sind aus der heutigen Aquaristik nicht mehr weg zu denken – aber was ist das überhaupt? Bei einer Aufsetzerpflanze handelt es sich um eine Wasserpflanze, welche auf eine von Ihnen frei gewählte Oberfläche gesetzt oder anderweitig befestigt werden kann. Zu unterscheiden sind hier allerdings 3 Unterkategorien: Pflanzen, die sich im Substrat - dem Bodengrund - festsetzen, solche, die auf Dekorationsmitteln wie Steinen oder Wurzeln festwachsen und Pflanzen, die händisch auf einem frei gewählten Untergrund befestigt werden müssen oder anderenfalls frei im Becken umhertreiben würden. Tipp: Hierfür eignet sich ein dünner Bindedraht oder ein Stück Angelschnur ganz wunderbar. Für Anfänger haben sich folgende Aufsetzerpflanzen besonders bewährt: Christmasmoos, Riccia fluitans, Anubias Nana, Bucephalandra und sämtliche Arten der Farne.

Um einem Aquarium eine gewisse Tiefe verleihen zu können, spricht man in der Aquaristik von den sogenannten **Vorder-, Mittel- und Hintergrundpflanzen**. Diese unterscheiden sich weniger in ihrer Art als vielmehr in ihrer Größe selbst. Im Vordergrund verwendet man typischerweise Pflanzen, die sehr klein wachsen und bleiben, um den Blick ins Innere frei zugänglich zu lassen. Wird die Bepflanzung nun um die bereits genannten Mittel- und/oder Hintergrundpflanzen ergänzt, erstellen Sie dadurch Ihre ganz persönliche Unterwasserlandschaft mit Höhen und Tiefen.

Als besonders beliebt unter den Aquarianern gelten folgende Pflanzenarten: Pogostemon helferi, Zwergnadelsimse, grasartige Zwergschwertpflanze, Kuba-Perlkraut und der kurzstielige Wasserfreund.

Während das charakteristische Merkmal von Vordergrundpflanzen ihre geringe Größe darstellt, fallen die sogenannten **Mittelgrundpflanzen** etwas korpulenter beziehungsweise höher aus. Hierbei sollte allerdings darauf geachtet werden, dass nicht zu ausladende Pflanzenarten gewählt werden, da die Sicht in den Hintergrund dadurch versperrt werden würde und die darauffolgende Pflanzenreihe eventuell keine genügende Lichtquelle mehr erlangt. Typische Mittelgrundpflanzen wären Anubias und Javafarn – die auch als Hintergrundpflanzen Anwendung finden können und Nadelsimse sowie Pogostemon helferi, die sich auch als Vordergrundpflanzen eignen würden.

Zu guter Letzt besteht die Möglichkeit, auch den **Hintergrund** des Aquariums ansprechend zu gestalten, um die wie zuvor beschriebene Tiefe, eine zusätzliche Versteckmöglichkeit für die Bewohner und natürlich weitere Nährstofflieferanten für Ihr persönliches Biotop zu schaffen. Hintergrundpflanzen weisen in der Regel eine durchschnittlich hohe Wachstumsgröße auf und können mitunter bis an die Wasseroberfläche ausufern. Sehr bekannt und beliebt sind die Große Amazonas-Schwertpflanze, Speerblätter, Indischer Wasserfreund und das Hornkraut.

Sehen wir von der Klassifikation nach der örtlichen Lage der Bepflanzung einmal ab, gibt es natürlich auch unzählige weitere Unterwasserpflanzen, die einen Blickfang in einem jeden Aquarium darstellen. Nachfolgend werden Ihnen ein paar, speziell für Anfänger geeignete Wasserpflanzen im Detail vorgestellt.

Die Wasserpest – macht ihrem Namen alle Ehre. Diese Pflanzengattung legt eine enorme Wachstumsgeschwindigkeit an den Tag, produziert infolgedessen aber auch sehr viel nützlichen Sauerstoff und stellt dabei kaum bis gar keine Ansprüche an die vorliegenden Wasserwerte. Aus diesem Grund stellt sie besonders für Anfänger eine sehr einfache und beliebte Pflanze dar. Seien Sie aber gewarnt, aufgrund der bereits angesprochenen Wachstumsgeschwindigkeit bedarf diese Pflanze etwas mehr Pflege in Bezug auf das Zurechtschneiden als andere Pflanzenarten. Sie eignet sich aus diesem Grund hervorragend als Mittel- oder Hintergrundpflanze.

Die Anubia – ist eine relativ langsam wachsende Unterwasserpflanze, die von erfahrenen Aquarianern auch gern als lebende Plastikpflanze bezeichnet wird. Dieses findet seinen Ursprung in ihrer optischen Erscheinung. Sie zählt aber zugleich

auch mit zu den wohl robustesten Unterwasserpflanzen und ist beinahe unkaputtbar. Sie kann sowohl als Bodendecker- als auch als Aufsetzerpflanze
verwendet werden und ist daher vielfältig einsetz-
bar. Aufgrund dieser Eigenschaft ist die Anubia eine
Unterwasserpflanze, die besonders für Einsteiger
geeignet ist. Besonderes Augenmerk – einige Arten
der Anubia können sowohl über als auch unter Wasser Blüten bilden.

Der Javafarn – ist nicht allein, sondern bildet lediglich den übergeordneten Namen dieser Pflanzenart. Es gibt ihn in vielerlei unterschiedlichen Variati-
onen, wobei die meisten Aquarianer auf die sogenannte Windelov schwören. Ihre Blätter können
eine Gesamtlänge von über 15 cm erlangen. Besonders an Seitenwänden oder Untergründen wie Ästen
oder Steinen fühlt sich der Javafarn wohl, was ihn zu
der Kategorie der Aufsetzerpflanzen zählen lässt.
Tipp: Sie sollten den Javafarn niemals im Bodengrund vergraben oder einpflanzen, da er eine hori-
zontal wachsende Wurzel entwickelt, die unbedingt
freiliegen muss und die Pflanze anderenfalls veren-
den würde.

Aquarien-Moose – zählen zu sehr beliebten Bo-
denpflanzen, können aber auch als Aufsetzerpflanze
verwendet werden. Besonders gut geeignet ist dafür

das Christmasmoos, da es mit seinen baumähnlichen Trieben einen gezielten Blickfang darstellt. Beim Einsatz von mehreren Moosarten gleichzeitig gilt jedoch Vorsicht, da sich diese oft flächendeckend verbreiten und miteinander verwachsen könnten.

Bacopa caroliniana – ist unter den Aquarien-Einsteigern aufgrund ihrer Anspruchslosigkeit eine sehr beliebte Unterwasserpflanze, die allerdings eine hohe Lichtintensität benötigt. Bei genügend Licht bildet das Fettblatt eine leichte Kupferfarbe.

DAS EINSETZEN VON BODENGRUND UND PFLANZEN

Zunächst einmal sollten Sie sich Gedanken darüber machen, welchen Bodengrund Sie sich für Ihr Aquarium wünschen. Möchten Sie viele verschiedene Pflanzen einsetzen, sollten Sie zusätzlich zum gewählten Grund einen Nährboden einsetzen, welcher die erste Schicht des Bodens bildet.

Für die meisten Pflanzen bildet ein nährstoffreicher Boden eine Grundvoraussetzung, um das Wurzelschlagen zu fördern. Planen Sie ausschließlich im mittleren oder hinteren Teil des Aquariums eine Bepflanzung durchzuführen, reicht es aus, lediglich diesen Abschnitt mit Nährboden zu unterfüttern.

Einige kleinere Pflanzenarten geben sich auch durchaus mit dem von Ihnen gewählten normalen Bodengrund zufrieden, da diese keine hohe Nährstoffzufuhr benötigen.

Die über dem nährstoffreichen Bodengrund liegende zweite Schicht kann grundsätzlich in Form, Farbe und Beschaffenheit frei von Ihnen gewählt werden.

Schritt Nummer eins beim Einrichten Ihres Aquariums ist somit das Einsetzen des Nährbodens. Dieser wird auf der gesamten Fläche ausgebreitet und glattgestrichen. Anschließend wird der von Ihnen gewählte Bodengrund aufgeschüttet. Hierfür eignet sich erfahrungsgemäß Sand, Kies oder Steinboden besonders gut. Die Farbe und Körnung bleiben erneut Ihrem persönlichen Geschmack überlassen.

Tipp: Heller Bodengrund reflektiert das Licht und wirkt wie ein Spiegel, ein etwas dunklerer Bodenbelag lässt viele Fischarten farblich mehr hervorstechen und imitiert den natürlichen Lebensraum etwas realitätsgetreuer.

Sobald der Bodengrund verlegt ist, kann das Einlassen des Wassers erfolgen. Hier ist auf eine möglichst langsame Fließgeschwindigkeit zu achten, um den aufgeschütteten Boden nicht zu sehr aufzuwirbeln oder miteinander zu vermischen. Tipp: Legen Sie sich in eine Ecke des Aquariums einen Teller oder eine Plastikfolie und lassen das Wasser darüber in das Becken fließen. Hierdurch minimieren Sie bereits das Aufwirbeln von Sedimenten.

Lassen Sie anschließend das Aquarium nach der Wasserzugabe für einige Stunden unangetastet stehen, damit sich die aufgewirbelten Sedimente setzen können. Sobald dies geschehen ist, können Sie mit dem Einsetzen der Pflanzen beginnen.

Es ist sinnvoll, mit den von Ihnen gewählten Hintergrundpflanzen zu beginnen und sich somit von hinten nach vorn zu arbeiten. Die Pflanzen sollten in der ersten Schicht, dem Nährboden, verankert werden. Hierfür bleiben Ihnen mehrere Varianten zur Auswahl – Wurzeln im Boden eindrücken oder aber ein kleines Loch aushöhlen, die Pflanze einsetzen und anschließend wieder zuschütten. Je nachdem wie geschickt Sie mit Ihren Händen sind, eignet sich bei Bodengrundpflanzen aufgrund der Größe der unterstützende Einsatz einer Pinzette.

WIE VIELE PFLANZEN MÜSSEN EINGESETZT WERDEN?

Grundsätzlich gilt – je mehr desto besser! Sie können sich allerdings an folgende Faustregel halten: Länge des Aquarium in cm x Breite des Aquarium in cm: 50 = Anzahl der geeigneten Pflanzen in Ihrem Aquarium.

Beispiel:
100 cm x 40 cm: 50 = 80

Die ideale Bepflanzung innerhalb des hier gewählten Beispiels beträgt demzufolge 80 Pflanzen. Bei einer deutlichen Unterschreitung dieses Wertes sollte zusätzlich über die bereits angesprochene Membranpumpe nachgedacht werden, um für einen dauerhaft stabilen und ausreichenden Sauerstoffgehalt zu sorgen. Ihre Fische werden es Ihnen danken!

DEKORATION IM AQUARIUM

Dekorationsartikel gibt es in allen erdenklichen Formen, Farben, Größen und Ausführungen. Für einige Aquarianer stellt die Dekoration das Herzstück ihres Aquariums dar. Einige bevorzugen eine thematisch zum Hobby passende Dekoration mit zum Beispiel kleinen Figuren oder Häusern, wieder andere möchten es der eigenen Inneneinrichtung gleichtun und es darauf entsprechend abstimmen.

Egal, welcher Typ Sie sind, es bleibt voll und ganz Ihnen selbst überlassen, ob und welche Dekoration Sie in Ihrer persönlichen Unterwasserwelt einsetzen. Sollten Sie getreu dem Motto "weniger ist mehr" agieren wollen, empfiehlt sich ein ganz einfaches und zugleich kostengünstiges Dekorationselement: Kokosnuss. Schneiden Sie eine Kokosnuss in zwei Hälften, höhlen das Innere aus und schneiden noch einen kleinen Bogen als Eingang aus.

Das Ergebnis liefert nicht nur einen selbstgemachten Hingucker, sondern bietet einigen Fischarten sogar ein Versteck beziehungsweise eine eigene Behausung. Alternativ gibt es im Aquaristik-Shop Ihres Vertrauens aber auch bereits vorgefertigte Häuschen oder andere Unterschlupfmöglichkeiten.

Sie sollten einzig und allein beim Einsatz von Dekoration darauf achten, dass diese tatsächlich aquariengeeignet und somit lebensmittelecht sind, damit die Abgabe von eventuellen Giftstoffen verhindert wird.

Zusätzlich dazu sollten Sie beim Platzieren der Dekoration darauf achten, dass dieses vor dem Einsatz der Pflanzen geschieht, da Sie anderenfalls ein erneutes Umsiedeln der Pflanzen vornehmen müssten, um Platz zu schaffen.

Der Einzug der Fische

DAS EINFAHREN

Für den Einzug der zukünftigen Bewohner sollten Sie sich genügend Zeit lassen. Das Aquarium sollte nach der Wasserzufuhr und der tatsächlichen Inbetriebnahme inklusive Filteranlage mindestens zwei Wochen, vorzugsweise sogar lieber drei Wochen nicht berührt werden. Dieses Verfahren nennt sich Einfahren.

Das Einsetzen des Bodengrundes, der Pflanzen und auch der Dekoration hat wieder für einigen Wirbel innerhalb des Aquariums gesorgt. Der Blick ist noch nicht klar und auch Pflanzenteilchen schwimmen im Becken frei umher. Das Aquarium muss sich zunächst einmal selbst regulieren und zur Ruhe kommen, aber auch seine eigenen und wichtigen Mikroorganismen bilden. Ein Teil der umherschwirrenden Stoffe wird sich eigenständig legen, der andere Teil wird durch den verwendeten Filter ausgeschwemmt. Auch dient das Einfahren dazu, die von Ihnen verbauten technischen Gerätschaften auf ihre einwandfreie Funktionalität zu testen.

Abhängig von der anfänglichen Verschmutzung beziehungsweise Trübung des Wassers kann eine flüchtige Filterreinigung innerhalb der ersten Tage ratsam sein. Falls sich die Sedimente nicht selbstständig legen und Sie nach einigen Tagen des Einfahrens noch immer keine klare Sicht haben, kann dies von einer möglichen Filterverstopfung herrühren. Aber keine Sorge – selbst, wenn dies bei Ihnen der Fall sein sollte, bedeutet es keineswegs eine falsche Handhabung oder einen falschen Einsatz der Technik, sondern liegt einzig an der Größe der Teilchen und am Grad der anfänglichen Verschmutzung.

Hierbei ist allerdings Vorsicht geboten – der Filter sollte vor allem in der Einfahrphase niemals komplett und rückstandsfrei gereinigt werden, da sich hier bereits wichtige Mikroorganismen gebildet haben, die für ein gesundes Ökosystem von großer Wichtigkeit sind. Auch nach der Einfahrphase sollte das Filtermaterial immer bloß mit lauwarmem Wasser ausgewrungen und niemals gänzlich durchgespült werden, da die sich dort befindlichen Mikroorganismen ansonsten gänzlich absterben würden.

Tipp: Zur Beschleunigung des Einfahrens können Sie fremdes Filtermaterial eines gesunden Aquariums einsetzen, um die erforderlichen Mikroorganismen schneller entstehen und wachsen zu lassen.

Sobald sich die Aussicht erhellt und Sie schlussendlich einen kristallklaren Einblick in Ihr neues Wunschaquarium erhaschen können, ist es an der Zeit für die erste Wasserprobe, um den Wasserwert bestimmen zu können.

Dieses wiederholen Sie während der Einfahrphase mindestens alle zwei bis drei Tage, um Werteveränderungen zeitnah feststellen und deren Ursache ausräumen zu können, bevor die Fische einziehen. Danach reicht es aus, die Werte etwa alle 3 Wochen zu kontrollieren. Ausnahme gilt jedoch immer dann, wenn neue Fische hinzugekommen sind oder sich die Wasserwerte aus irgendeinem Grund verändert haben beziehungsweise negativ ausfielen.

BESTIMMUNG DER WASSERWERTE

Für Anfänger kann dieser Ausdruck zu einem großen Fragezeichen im Kopf führen, aber auch abschreckend wirken, da sich dieses zunächst recht kompliziert und vor allem sehr teuer anhört. Die Wirklichkeit sieht jedoch vollkommen anders aus, denn es ist alles andere als teuer oder kompliziert.

Die zu prüfenden Werte beziehen sich nicht ausschließlich auf den pH-Wert. Zu prüfen sind auch die Gesamthärte GH sowie Nitrite und Nitrate – zusätzlich dazu natürlich auch der Sauerstoffgehalt O2 und die Temperatur.

Der allgemein geltende Neutralwert liegt bei einem pH-Wert von 7 – in einem Aquarium mit vielen Fischen und einem hohen Pflanzenbesatz solle sich der pH-Wert idealerweise darum herum, also zwischen 6 und 8, bewegen. Einzige Voraussetzung: Der Wert sollte ständig konstant bleiben. Um Ihnen die Bedeutung dieser Werte etwas verständlicher zu machen: Es handelt sich bei einem Wert unter 7 um einen sogenannten sauren, bei einem über 7 um einen stark alkalischen Wert.

Auf dem Markt gibt es aktuell zwei bewährte Arten, den pH-Wert des Wassers einfach und präzise zu messen. Zum einen handelt es sich dabei um die

Methode mittels Teststreifen und zum anderen um den Einsatz eines sogenannten Tröpfchen-Sets, welche Sie beide problemlos im Fachhandel oder auch online erwerben können.

Teststreifen stellen die günstigste und einfachste Variante zur Bestimmung des pH-Wertes dar, sind dadurch aber leider auch verhältnismäßig ungenau. Halten Sie zur Messung lediglich den entsprechenden Teststreifen bis zur Markierung in das Wasser Ihres Aquariums und ziehen ihn innerhalb weniger Sekunden wieder heraus. Nach einer Wartezeit von etwa 60 Sekunden sollte der Teststreifen sich in einen bunten Regenbogen verwandelt haben, in dem die einzelnen Werte nun anhand einer Farbpalette zu bewerten sind.

Die im Lieferumfang enthaltene Anleitung hilft Ihnen anschließend detailliert dabei, die hier abgebildeten Werte zu entziffern und zu bestimmen. In der Regel müssen Sie hierzu lediglich den Teststreifen neben das mitgelieferte Farbbeispiel halten und mit diesem vergleichen. Tipp: Verwenden Sie nach Möglichkeit Kombi-Teststreifen. Hier werden sämtliche erforderlichen Prüfwerte neben dem pH-Wert gleich mitgeprüft und angezeigt.

Die Wasserwertbestimmung mit Hilfe des **Tröpf-chen-Tests** gibt einen deutlich präziseren Wert an als das zuvor beschriebene Messen mittels Teststreifen. Es erfordert allerdings auch eine umfangreichere Ausstattung. Die Tröpfchen-Tests gibt es immer im Set zu kaufen, sodass Sie alle erforderlichen Bestandteile bereits parat haben und sich nicht darum bemühen müssen, alles einzeln zu beschaffen.

Es beinhaltet mehrere Pipetten und Küvetten, die vor Gebrauch auf keinen Fall gespült werden sollten, um die Werte nicht zu verfälschen.

Mit Hilfe der Pipetten oder Küvetten entnehmen Sie eine Probe Ihres Wassers und testen dieses anschließend unter der Zugabe der entsprechenden Tropfen. Hier ist es ratsam, die jeweilige Bedienungsanweisung zu lesen, da die Durchführung und das Ablesen der Resultate abhängig vom Hersteller ist und sich daher leicht unterscheiden können. Eines haben allerdings alle Tröpfchen-Sets gemeinsam – das Wasser innerhalb der Pipette/Küvette verfärbt sich entsprechend.

Tipp: Falls Sie sich die Bestimmung der Wasserwerte zunächst nicht selbst zutrauen oder unsicher
sind, ob Ihre Messungen korrekt durchgeführt wur-
den, können Sie jederzeit eine Wasserprobe mit in
den Aquarien-Shop Ihres Vertrauens bringen. Dieser
wird die Werte in der Regel kostenfrei als Service-
leistung für Sie auswerten und Ihnen zusätzlich mit
Rat und Tat zur Seite stehen.

Das Einsetzen der Fische

WIE VIELE?

Es bleibt Ihnen überlassen, wie viele Fische sich in Ihrem Aquarium tummeln sollen. Es sollte allerdings darauf geachtet werden, dass genügend Platz vorhanden ist und die Fische sich nicht gegenseitig verdrängen. Hierfür gibt es eine Faustregel, die Ihnen bei der richtigen Ermittlung der Anzahl an Fischen behilflich sein soll.

Die zusammenaddierte Länge aller ausgewachsenen Tiere sollte die Gesamtlänge des Aquariums in cm nicht überschreiten.

Ergänzend dazu gibt es eine sogenannte "Fisch pro Liter Formel", die ebenfalls Auskunft darüber gibt, wie viele Fische in Ihrem Becken bedenkenlos

nebeneinander leben können. Dieses Berechnungsbeispiel ist sehr einfach zu merken:

1 cm Fisch pro 1 Liter Wasservolumen oder
auch 1 cm Fischlänge auf 30 cm² Aquarienfläche.

Auch hier ist zu beachten, dass die cm-Angaben
der Fische sich auf ausgewachsene Fischgrößen be-
zieht. Sollten Sie Jungtiere besitzen oder sich anschaffen und können die zukünftige Gesamtlänge
der jeweiligen Fischarten nicht selbst benennen, in-
formieren Sie sich idealerweise online oder fragen
Ihren Fachhändler danach. Dieser kann Ihnen im
Zweifel auch detaillierte Informationen sowie Hilfestellung geben, welche Fischart und welche Menge
für Ihr Aquarium am besten geeignet ist.

Sie sollten sich niemals scheuen, bei wichtigen
Fragen in Bezug auf das Wohlergehen der Fische
nach Hilfe oder Unterstützung zu bitten.

DER EINZUG

Nachdem Sie die Wasserwerte inklusive der Temperatur und des Sauerstoffgehalts gemessen und für
positiv befunden haben, kann der Kauf und das an-
schließende Einsetzen der Fische vorbereitet werden. Sie sollten das Becken zu Beginn noch nicht zu

stark belasten und zunächst mit etwa 10 bis maximal 15 Fischen beginnen.

Der Einzug weiterer Bewohner ist zu einem etwas späteren Zeitpunkt selbstverständlich immer wieder möglich. Ihr neues, selbst erstelltes und persönliches Ökosystem muss sich nur noch langsam an die neuen Gegebenheiten gewöhnen und sollte nicht bereits zu Beginn auf seine Grenzen getestet werden.

Achten Sie allerdings darauf, niemals Fische unterschiedlicher Arten oder von unterschiedlich erworbenen Händlern gleichzeitig ins Becken zu setzen, sondern verfahren Sie immer nacheinander. Dies begründet sich relativ einfach darin, dass eventuelle Keime, die sich im Wasser der neu erworbenen Fische befinden, nicht in das Wasser Ihres Beckens gelangen sollen und auch die Fische zunächst eine Möglichkeit geboten bekommen sollen, sich – wenn auch nur für wenige Minuten – zurechtzufinden oder sogar verstecken zu können.

Das Einsetzen der Fische ist grundsätzlich kein anspruchsvoller Akt. Legen Sie die Tüten, in denen Sie die Fische erhalten haben, auf die Wasseroberfläche Ihres Aquariums und warten einige Zeit, bis Sie mit dem nächsten Schritt beginnen. Grund hierfür ist die Regulierung beziehungsweise Anpassung der

Wassertemperatur. Anschließend öffnen Sie die zugeschnürte Verpackung und führen einen teilweisen Wasseraustausch durch, indem Sie ein wenig Wasser aus Ihrem Becken in den Beutel füllen.

Dieses wiederholen Sie ein paar Mal, um die Fische Ihren Wasserwerten anzupassen. Nach Abschluss dieser Prozeduren - etwa zwei Stunden - ist es nun endlich an der Zeit, die Fische endgültig in ihr neues Heim einziehen zu lassen. Dazu gibt es in der Aquarienwelt zweierlei Möglichkeiten, wovon nicht beide gleichermaßen auf Anklang stoßen.

Entweder Sie öffnen nun vorsichtig den Beutel, indem sich die Fische befinden und führen dadurch einen vollständigen Wasseraustausch durch und lassen die Fische nun selbstständig herausschwimmen oder Sie fangen die Fische vorsichtig mit einem Kescher heraus und setzen sie anschließend händisch in das Becken ein. Letztere Methode stellt die bewährtere von beiden dar, die auch unter den Aquarianern auf mehr Beliebtheit stößt, da Sie dadurch auf den vollständigen Wasseraustausch verzichten und somit Ihre eigenen Wasserwerte nicht verfälschen beziehungsweise mögliche Keime in Ihr Becken aufnehmen. Wichtig ist nun, innerhalb der ersten zwei Wochen die Wasserwerte regelmäßig im

Auge zu behalten, um möglichen Unstimmigkeiten sofort entgegenwirken zu können.

Wunderbar – die erste große Hürde ist nun gemeistert und Sie können sich nun an der bunten Farbpracht Ihrer Neulinge ergötzen und sich an der Tatsache erfreuen, dass auch Sie nun zu der Gruppe der Aquarianer zählen.

Herzlichen Glückwunsch zu Ihrem neuen Aquarium und der Erfüllung Ihres Traums!

Im Folgenden gehen wir noch auf einige weiterführende Themen wie die Ernährung, Reinigung und Instandhaltung sowie mögliche auftretende Probleme oder Krankheiten der Fische ein, da die Thematik mit dem Kauf, dem Dekorieren und Bepflanzen sowie dem Einzug der Fische noch lange nicht abgeschlossen ist.

Die Ernährung

B ei der Fütterung heißt die Devise "weniger ist mehr" und sollte auch genauso umgesetzt werden. Füttern Sie lieber öfter am Tag kleinere Mengen als einmal täglich eine große Menge.

Dies begründet sich darin, dass die Futterteilchen nur eine gewisse Zeit an der Oberfläche verweilen und dann langsam absinken. Wird in dieser Zeit von den Fischen nicht die gesamte Futtermenge verwertet, sinken diese Reste auf den Grund und können in der Folge das Wasser unnötigerweise stark verunreinigen und belasten. Auch sollte das Futter artgerecht sein sowie eine mundgerechte Größe aufweisen und dadurch ohne Probleme in das Maul der

Fische passen können. Das Futter kann in unterschiedliche Unterkategorien eingeteilt werden, da in der Fischwelt ebenfalls unterschiedliche Fressgewohnheiten und Verhaltensweisen vorherrschen.

Zunächst einmal sollte unterschieden werden, ob es sich bei dem zu fütternden Fisch um einen Fleisch-, Alles- oder Pflanzenfresser handelt, um schlussendlich darauf eingehen und entsprechend Rücksicht nehmen zu können. Auch kann das Futter selbst in unterschiedliche Kategorien untergliedert werden, nämlich in schwebendes, treibendes oder absinkendes Futter. Viele Fische sind es gewohnt, ihr Fressen an der Wasseroberfläche oder aber schwimmend vor sich aufzunehmen. Es gibt allerdings auch Fischarten, die eher auf dem Grund des Aquariums leben oder sich dort überwiegend aufhalten. Für solche Fische ist ein absinkendes Granulat empfehlenswert.

Für alle anderen Fischarten (Ausnahme Fleischfresser) eignet sich das Flockenfutter am besten, da die meisten Arten überwiegend zu den Allesfressern zählen. Gern kann aber auch ein Mix aus beidem, Granulat und Futterflocken, verabreicht werden, um den Fischen eine abwechslungsreiche Nahrung anbieten zu können.

Die Pflege

INSTANDHALTUNG – WARTUNGSARBEITEN

Eine regelmäßige Kontrolle und Wartung bilden das Fundament einer problemlosen Fischhaltung. Nachfolgend wird Ihnen genauestens geschildert, worauf Sie wann zu achten haben, um auch weiterhin Freude an Ihrer Unterwasserwelt zu haben. Unterteilt sind diese in tägliche und monatliche Überprüfungen beziehungsweise Kontrollen.

TÄGLICHE KONTROLLE

Die **Temperatur** des Wassers sollte auf einer täglichen Basis abgeprüft werden. Geringe Abweichungen sind normal, auffällige Schwankungen bedürfen allerdings einer Ursachenbehebung.

Eine eingesetzte Membranpumpe und das Filtersystem sollten ebenfalls täglich auf ihre einwandfreie Funktionalität überprüft werden. Arbeitet das vorhandene System über einen längeren Zeitraum nicht korrekt, können nachhaltige Änderungen der Wasserwerte und der gesamten, sich im Filter befindlichen Mikroorganismen erfolgen und die Beschaffenheit des Wassers daraufhin stark beeinträchtigen.

Die **Fütterung** Ihrer Lieblinge ist mehrmals täglich erforderlich – mindestens 2-mal täglich – wobei von Ihnen immer nur so viel Futter zur Verfügung gestellt wird, wie Ihre Fische auch auf einmal verzehren können. Sollten Ihre Fische bei der Fütterung keinerlei Reaktion aufzeigen und diese als uninteressant werten, kann dies bereits ein Anzeichen einer Überfütterung darstellen.

Auch sollten Sie sich nach Möglichkeit jeden Tag dem Verhalten und der Beschaffenheit Ihrer eingesetzten Fische und auch Pflanzen widmen, um eventuelle Krankheitsanzeichen sofort zu erkennen.

MONATLICHE PFLEGE

Bei einem bereits über mehrere Wochen und Monate hinweg eingefahrenen Aquarium reicht es aus, die **Wasserwerte** für Nitrit und Nitrat sowie den pH-Wert auf Basis einer monatlichen Überprüfung durchzuführen.

Der Nitratgehalt im Wasser gibt Ihnen Auskunft über den Grad der Verschmutzung im Aquarium, über einen zu hohen Fischbesatz oder über eine erfolgte Überfütterung. Auch gibt er Anhaltspunkte über das aktuelle Leistungsvermögen des eingesetzten Filters.

Ihre Nitritwerte sollten im Normalfall immer einen Wert von 0,1 mg/l aufweisen. Bei Werten von 0,2 – 0,5 mg/l spricht man bereits von veränderten Wasserwerten, die sich negativ auf die Fische auswirken können und sie dadurch anfälliger für Krankheiten machen.

Achtung: Bei neuem Fischbesatz oder zuvor bereits auffälligen oder schwankenden Wasserwerten sollte die Kontrolle regelmäßiger erfolgen!

Im gleichen Atemzug sollte die Wasserhärte überprüft werden – hierbei werden die Werte der Gesamthärte sowie der Karbonathärte untersucht. Mit Hilfe der Teststreifen oder der Tröpfchen-Tests können Sie sämtliche erforderlichen Werte auf einmal überprüfen und müssen auf diese Weise nicht alles einzeln kontrollieren.

Sofern erforderlich und vorhanden, sollten Sie im monatlichen Zyklus den **Algenbefall** am und im Aquarium entfernen. Im Fachhandel können Sie dazu einen magnetischen Scheibenreiniger erwerben. Zusätzlich ist es empfehlenswert, den Bodengrund leicht umzuwälzen, um anschließend die sich abgelagerten Bestandteile mit einem sogenannten Mulmsauger zu entfernen. Dieser ist dafür da, um den Mulm (Ablagerungen aus Kot und Futterresten) aus dem Becken zu entfernen. Zu beachten ist, dass Sie hierbei sehr vorsichtig und aufmerksam vorgehen sollten, um nicht aus Versehen kleine Fische oder Teile Ihrer Dekoration mit abzusaugen.

Sollte Ihr Becken zusätzlich von Schwebalgen befallen sein, würde sich dieses in Form einer grünlichen Verfärbung des Wassers äußern. Dieser Zustand wird oftmals durch einen zu geringen Pflanzenbestand, zu viel Lichteinstrahlung oder auch einer Überfütterung hervorgerufen. Unter sehr schlechten Beleuchtungsbedingungen kann sich sogar ein lästiges Braunalgenwachstum bilden. Sollte der übermäßige Algenbefall durch das Reinigen mittels Teilwasserwechsel und Mulmsauger nicht behoben sein, können Sie zusätzlich ein Algenbekämpfungspräparat anwenden, welches die Wasserwerte nicht negativ beeinflusst. Es sollte allerdings in der Folge von Ihnen darauf geachtet werden, was die Ursache des Algenbefalls in Ihrem Becken sein könnte und entsprechende Gegenmaßnahmen eingeleitet werden. Im Folgenden werden die typischsten Ursachen und deren Ausräumung erklärt:

Befall von Braunalgen: Es empfiehlt sich eine höhere Beleuchtungskapazität oder eine längere Beleuchtungsdauer zu bilden.

Befall von Schwebealgen: Sollen die im Becken vorhandenen Nährstoffe verbraucht werden, benötigt ein gesundes Aquarium eine Vielzahl an Pflanzen. Unter diesen Umständen ist die Menge der eingesetzten Bepflanzung nicht ausreichend genug und sollte entsprechend aufgestockt werden.

Befall von Grünalgen: Direkte Sonneneinstrahlung oder eine überdurchschnittlich lange Beleuchtungsdauer fördert das Wachstum von Algen. Nicht verwertete Futterreste können jedoch den gleichen Effekt ausüben. Es ist somit darauf zu achten, dass in Bezug auf die Beleuchtung eine Beleuchtungsdauer von 12 Stunden nicht überschritten wird und sich das Becken in keiner direkten Sonneneinstrahlung befindet. Außerdem ist eine kontrollierte und ausgewogene Fütterung ratsam, damit das Absinken der nicht verwerteten Futterreste das Wasser nicht belasten und das Wachstum von Algen begünstigen.

Ein **Teilwasserwechsel** von etwa 1/3 des Gesamtwasservolumens sollte spätestens einmal monatlich stattfinden, um einen konstant positiven Wasserwert aufrechtzuerhalten und die Mikroorganismen nicht gänzlich verloren gehen und auch die Temperatur im Aquarium keine gravierenden Unterschiede annimmt.

Während dieser Prozedur können auch kleinere Wartungs- oder Reinigungsarbeiten an der eingesetzten Bepflanzung sowie Dekoration erfolgen. Zu üppig gewachsene Pflanzen sollten zurückgeschnitten werden.

Bevor das Wasser nachgefüllt wird, sollten Sie das Filtermaterial des Filters entfernen und unter lauwarmem Wasser leicht ausspülen. Achtung: Das Filtermaterial niemals in der Waschmaschine reinigen oder mit kaltem Wasser spülen. Die dort befindlichen Mikroorganismen sind für die Gesamtflora

Ihres Aquariums von entscheidender Bedeutung und Sie wollen diese nicht gänzlich abtöten.

Eine Überprüfung der **elektrischen Verbindungen** Ihrer verbauten Technik sollte in diesem Zusammenhang ebenfalls auf monatlicher Basis auf ihre einwandfreie Funktionstüchtigkeit kontrolliert werden. Empfehlenswert ist es auch, die **Beleuchtung** beziehungsweise die Leuchtstoffröhren zu untersuchen und unter Umständen zu erneuern.

Zur besseren und überschaubareren Übersicht finden Sie nachfolgend eine kleine Checkliste mit den wichtigsten Aufgaben.

Täglich

- Temperatur prüfen

- Fische füttern

- Verhalten und Aussehen auf Krankheiten kontrollieren

- bei Auffälligkeiten Wasserwerte überprüfen

Monatlich

- Wasserwerte kontrollieren
- Algen und andere Ablagerungen entfernen und absaugen
- Teilwasserwechsel von 1/3 des Gesamtvolumens
- Neuanordnung der Dekoration oder Zurechtschneiden der Pflanzen
- Filterreinigung
- Überprüfung der technischen Gerätschaften
- Kontrolle der Beleuchtung und eventuelle Erneuerung der Lampen

Verhalten bei Abwesenheit/Urlaub

Eine Abwesenheit von einigen Tagen bis hin zu wenigen Wochen stellt grundsätzlich kein Hindernis dar. Wichtig ist, dass Ihr Aquarium während dieser Zeit weiterhin sachgemäß unterhalten wird.

Bei kurzzeitigen Abwesenheiten, wie zum Beispiel einem Wochenende, ist Ihrerseits nichts existenziell Wichtiges zu beachten. Lassen Sie sämtliche Gerätschaften einfach wie gewohnt laufen. Ihre Fische werden auch ohne zusätzliches Futter diese Tage überstehen.

Bei längeren Abwesenheiten von bis zu 3 Wochen sollten Sie einige wenige Punkte beachten und unbedingt umsetzen. Lassen Sie wie gewohnt sämtliche technische Anlagen wie die Pumpe und den Filter in Betrieb. Versehen Sie, wenn nicht schon geschehen, die Beleuchtung mit einer Zeitschaltuhr, damit der Tag- und Nachtrhythmus eingehalten werden kann.

Überprüfen Sie vor Ihrer Abreise und unmittelbar nach Ihrer Rückkehr unbedingt die Wasserwerte und führen eventuell erforderliche Maßnahmen sofort durch. Machen Sie nach Möglichkeit Gebrauch von einem automatischen Fütterungs-Automaten oder bitten Sie einen Nachbarn, Freund oder Bekannten darum, Ihre Fische während Ihrer Abwesenheit zu füttern. Füttern Sie selbst jedoch auf keinen Fall vor, da dieses zu einer Überfütterung und in der Folge zu schlechten Nitritwerten führt, welches die Fische im schlechtesten Fall krank werden lässt.

Bei Abwesenheiten von mehr als 3 Wochen sollten Sie einen erfahrenen Aquarianer um die vorübergehende Pflege bitten, da spätestens dann schon wieder die monatlichen Wartungsarbeiten vor der Tür stehen.

Die häufigsten Krankheiten

Bauchwassersucht und Schuppensträube – das größte Erkennungsmerkmal ist ein aufgeblähter runder Bauch des Fisches. Die Ursachen dafür können in der Regel eine gestörte Osmoseregulation, eine bakterielle Infektion oder auch eine Stoffwechsel- oder Ernährungsstörung sein, was in der unmittelbaren Folge zum Verfall eines oder mehrerer innerer Organe führt und sich somit Wasser beziehungsweise Flüssigkeit im Bauchraum des Fisches einlagert.

Weiteres und darauffolgendes Merkmal ist die sogenannte **Schuppensträube**. Dieses charakteristische Begleitmerkmal entsteht aufgrund des aufgeblähten Bauches – die Schuppen spreizen sich vom Körper ab. Besonders anfällig für diese Erkrankung sind gestresste Tiere, da ihr Immunsystem dadurch bereits als angegriffen zählt.

Auch können weitere auffällige Symptome für die Bauchwassersucht differenziert werden. Dazu zählen unter anderem Ablösen der Haut, Glotzaugen, blasse Kiemen, sichtbare Veränderungen oder Entzündungen der Hautoberfläche, farbliche Veränderung der Organe.

Eine Heilung wäre ausschließlich im sehr frühen Stadium der Erkrankung möglich, indem das Immunsystem des Fisches durch die Sicherstellung optimaler Wasserverhältnisse gestärkt wird. Korrekte Haltungsbedingungen sind in diesem Fall das beste Heilmittel und die geeignetste Vorsorge. Durch die Herstellung von natürlichen Umweltbedingungen kann die Bauchwassersucht zuverlässig vermieden werden.

Eine richtungsweisende Behandlungsmethode bleibt aktuell noch aus, es gibt allerdings einige auf dem Markt erhältliche Heilmittel, die bei rechtzeitigem Einsatz zu einer Genesung führen können. Neben Salzbädern (hier 3 Gramm Salz auf 1 Liter Wasser) hat sich auch das Präparat Nifurpirinol bewährt.

Flossenfäule – tritt meist bei unzureichenden Wasserverhältnissen oder auch bei einer schlechten Ernährung auf. Eine andere weitverbreitete Ursache liegt oftmals im Allgemeinzustand des Fisches, da dieses der größte Gegner des Immunsystem des Fisches ist. Sind Fische über einen langen Zeitraum hinweg Stress ausgesetzt, kann sich dieses sehr negativ auf deren Immunsystem auswirken, was sie wiederum bedeutend anfälliger für diverse Krankheiten macht.

Zu Beginn des Krankheitsausbruches kann diese noch relativ gut im Zaum gehalten werden, indem man die Nitritwerte des Wassers gründlich prüft und entsprechend reguliert. Zudem führt eine ausgewogene Ernährung ebenfalls zum Aufbau des geschwächten Immunsystems. Die Flossen sehen zerfetzt oder eingerissen aus und weisen teilweise auch Blutflecke oder ein rosa bis rostfarbenes Aussehen auf.

Kranke, mit Flossenfäule befallende Fische sollten nach Möglichkeit in ein Quarantänebecken umgesetzt werden, da sie aufgrund ihres geschwächten Immunsystems und der verletzten Flossen enorm in ihrer Bewegungsfreiheit eingeschränkt sind. Auch dient dies dem Schutz der anderen und gesunden Beckenbewohner. Der Weg zu einem Tierarzt, der sich mit Fischen auskennt, sollte anschließend in Erwägung gezogen werden, um dem verletzten Tier zu helfen.

Weißpünktchenerkrankung – stellt unter den Aquarienfischen die wohl verbreitetste Parasitenerkrankung dar. Diese Erkrankung ist schnell zu erkennen, da sich über den gesamten Körper des Fisches kleine weiße schleimige Punkte entwickeln. Diese Erkrankung führt zu einem unangenehmen Juckreiz, woraufhin sich die befallenen Fische oft am Aquarienglas oder auch an der vorhandenen Dekoration scheuern. Die Krankheitserreger gelangen in der Regel durch einen neuen Fischbesatz oder das Einsetzen neuer Pflanzen in das Aquarium. Besonders gestresste Fische oder in ihrem Immunsystem geschwächte sind für den Befall der Erkrankung besonders anfällig.

Beim Ausbruch der Weißpünktchenerkrankung ist das gesamte Becken zu behandeln, um die Parasiten, die sich im Wasser befinden, zu beseitigen. Ein kontrollierter Wasserwechsel ist nun zwingend erforderlich, der immer zu 1/3 erfolgt und über mehrere Tage hinweg wiederholt wird. Mit jedem Wasserwechsel werden die im Wasser befindlichen Parasiten weniger. Ein vollständiger Wasserwechsel ist nicht zu empfehlen, da dadurch auch die positiven Mikroorganismen, die sich ebenfalls im Wasser befinden, verloren gehen würden und sich das Becken somit wieder komplett neu regulieren müsste.

Der befallene Fisch sollte zusätzlich dazu in jedem Fall in ein Quarantänebecken umgesetzt werden und täglich mit neuem, frischem Wasser versorgt werden. Da er bei einem jeden Wasserwechsel Parasiten zurücklässt, wird nach etwa einer Woche nur noch so wenig auf ihm selbst haften, dass er diese eigenständig bekämpfen kann. Sobald nach etwa zwei Wochen der befallene Fisch keine weißen Pünktchen oder eine verschleimte und entzündete Haut aufweist, sich nicht mehr scheuert und auch seine Fresslust wiedererlangt hat, darf er zurück in die Gruppe und in sein Ursprungsaquarium integriert werden.

Maulpilz – ist eine bakterielle Infektion, die meist aufgrund einer unreinen oder ungewarteten Anlage vorkommt. Die zuvor beschriebenen Black Mollys oder auch Guppys sind zum Beispiel sehr häufig von dieser Erkrankung betroffen. Zu erkennen ist diese Erkrankung daran, dass sich eine weißliche Blase an der Maulregion bildet – manchmal bilden sich allerdings auch geschwürartige Gebilde am gesamten Körper. Die Erkrankung ist, genau wie die

Weißpünktchenkrankheit, ansteckend, da es sich um Erreger handelt, die sich im Wasser verbreiten. Eine Quarantäne des oder der betroffenen Fische ist erforderlich und mehrere Teilwasserwechsel ebenfalls.

Hauttrübung – wird durch einen überdurchschnittlich hohen Befall an Parasiten, die die Schleimhaut des Fisches angreift, verursacht. Der betroffene Fisch beginnt damit, sich an den Aquarienwänden, der Dekoration oder auch dem Bodengrund zu reiben, was eine erhöhte Schleimproduktion der Fischhaut nach sich zieht und die Haut einen gräulichen, schleimigen Schimmer annimmt.

Wie bei allen bakteriellen oder parasitären Krankheitserregern vermehren sich diese durch das Wasser und übertragen sich dadurch schnell auch auf weitere Fische. Auch in diesem Fall sollte eine Quarantäne der betroffenen Fische mit einem täglichen Wasseraustausch und mehreren Teilwasserwechseln des Aquariums erfolgen.

FAZIT

Es lässt sich festhalten, dass die meisten Erkrankungen aufgrund von ungenügenden Wasserwerten entstehen. Vorwiegend sind schlechte Nitrit- und Nitratwerte dafür verantwortlich. Nitrit/Nitrat ist ein Abbauprodukt der Fische und Pflanzen, das bei einer unzureichenden Filterung und Säuberung in den Untergrund einsinkt und sich dort ablagert und somit die Wasserwerte angreift.

Durch die verschlechterten Wasserwerte geraten die Fische wiederum in Stress, der die fischeigenen Bakterien und dessen Immunsystem angreift und in der Folge zu einer Vielzahl an möglichen Erkrankungen führen kann.
Stress kann bei Fischen durch jede Veränderung, die vom Normalzustand abweicht, verursacht werden. Deren Antwort darauf ist meist im Verhalten der Fische zu beobachten oder führt in unmittelbarer Reaktion direkt zu einer Erkrankung.

Zu vermeiden ist dieses durch eine exakte Fütterung und die ständige Kontrolle der Wasserwerte. Zu viel Futter, welches sich auf dem Aquarienboden absetzt und nicht von den Fischen aufgenommen wird, kann das Wasser sehr stark belasten und lässt das Becken in der Folge kippen.

Aus den oben genannten Ausführungen wird deutlich, dass sämtliche Krankheiten der Fische als ein komplexes Problem aus äußeren Einflüssen und den Lebensbedingungen angesehen werden sollten. Die Reduzierung von Stress sollte in allererster Linie in Bezug auf ein Heilmittel immer als vorrangig betrachtet werden.

Ziemlich jedes Fischfachgeschäft bietet mittlerweile ein breit gefächertes Sortiment an Heilmitteln aller Art zur Bekämpfung der häufigsten Krankheiten an. Sollen Sie in Ihrer zukünftigen Aquarienlaufbahn jemals Gebrauch von einem dieser Präparate machen müssen, halten Sie sich bitte immer strikt an die beiliegende Gebrauchsanweisung, um einen noch gravierenderen Schaden an Fisch und dessen Mitbewohnern zu vermeiden. Auch können Sie bei erfahrenen Aquarianern, Händlern oder auch Tierärzten nach Rat fragen, welcher Ihnen wohl kaum verwehrt werden würde.

Zusammenfassung

Im folgenden Abschnitt handelt es sich um eine allgemeine Zusammenfassung beziehungsweise Checkliste für all die Dinge, die Sie für Ihr zukünftiges Aquarium anschaffen oder beachten müssen. Ziel ist es, Ihnen den Einstieg in die bunte Unterwasserwelt so einfach und übersichtlich wie nur möglich zu gestalten.

Untergliedert ist diese Checkliste in "Für das Aquarium" wichtige Bestandteile und "für die artgerechte und korrekte Haltung und Pflege der Fische" erforderliche Rahmenbedingungen.

FÜR DAS AQUARIUM

- Kauf oder Bau eines Aquariums
- Styroporplatte
- Aquarienhintergrund/Rückwand
- Anschaffung der technischen Ausstattung:
  - Filter
  - Beleuchtung
  - Heizstab und Thermometer
  - Membranpumpe/Luftpumpe
  - Mulmsauger
  - Zeitschaltuhr
- Nährboden + Bodengrund
- Test-Sets oder Teststreifen zur Bestimmung der Wasserwerte
- Kescher
- Eimer
- Scheibenreiniger

FÜR DIE ARTGERECHTE UND KORREKTE HALTUNG UND PFLEGE DER FISCHE

- korrekte Wassertemperatur
- optimale Wasserwerte
- kein zu hoher Fischbesatz (1 Liter pro 1 cm Fischlänge)
- Fischverträglichkeit (Alle Bewohner des Beckens sollten miteinander auskommen können und sich nicht gegenseitig verdrängen oder attackieren.)
- ausgewogene Ernährung
- Bepflanzung
- Beleuchtung
- Dekoration
- regelmäßige Filterpflege
- alle 3 – 4 Wochen Teilwasserwechsel
- Algenpflege
- Säuberungen

Denken Sie stets daran, dass eine regelmäßige Wartung der gesamten Anlage zur Gewährleistung eines gesunden Fischbestands sowie unversehrter Pflanzen führt.

Herstellung und Verlag:

BoD – Books on Demand, Norderstedt

ISBN: 9783752611465

1. Auflage

Kontakt: Psiana eCom UG/ Berumer Str. 44/ 26844 Jemgum

Covergestaltung: Fenna Larsson

Coverfoto: depositphotos.com